DIE KAIZEN-METHODE

Mit kleinen Schritten viel erreichen

Verfasst von Antoine Delers
In Zusammenarbeit mit Brigitte Feys
Übersetzt von Ruth Alvermann

DIE KAIZEN-METHODE

SCHLÜSSELINFORMATIONEN

- **Bezeichnungen:** Kaizen-Methode, Kontinuierlicher Verbesserungsprozess, KVP, KVP Kaizen Methode, Continuous Improvement Process, Continual Improvement Process, CIP
- **Anwendungsbereiche:** Im Unternehmensbereich soll die Methode vor allem anhand minimaler Eingriffe in die Arbeitsabläufe die Produktqualität im Output von Produktionsketten steigern. Der Ansatz der kleinen Verbesserungsschritte mit wenig Aufwand lässt sich aber auch ins Alltagsleben integrieren.
- **Warum ist es so gut?** Die Kaizen-Methode kann auf alle Funktionen und Mitarbeiter eines Unternehmens angewendet werden. Hierdurch lassen sich Produktivität und Produktqualität effizient steigern, während beispielsweise Wartezeiten verkürzt und Produktionsprozesse optimiert werden. Letztlich verbessern sich so auch die Arbeitsbedingungen.

- **Schlüsselwörter:**
  - <u>Kontinuierliche Verbesserung</u> durch den Einsatz immer leistungsfähigerer Arbeitsabläufe und Hilfsmittel, die an die Geschäftstätigkeit des Unternehmens ideal angepasst sind. Durch deren ständige Überarbeitung und Optimierung werden in kleinen Schritten effiziente neue (Teil-) Prozesse entwickelt.
  - <u>Lean Management (Schlankes Management)</u>: Eine japanische Management-Methode, um Verschwendung (*muda*), Arbeitsüberlastung aufgrund schlecht angepasster Arbeitsabläufe (*muri*) und Unausgeglichenheit (*mura*) in einem Unternehmen zu reduzieren.
  - <u>Toyotismus</u>: Eine allgemeine Methode zur Arbeitsorganisation aus Japan, die sich vor allem auf Lean Management und die Kaizen-Methode stützt. Dabei werden maximale Qualität, die möglichst vollständige Reduktion von Mängeln und Verschwendung und die Einleitung eines kontinuierlichen Verbesserungsprozesses im Unternehmen angestrebt.

EINLEITUNG

Hintergrund

Die Kaizen-Methode entstand in den 1950er Jahren in Japan, als der Ingenieur Taiichi Ohno (1912-1990) das Toyotismus-Konzept mitentwarf. Diese Form der Arbeitsorganisation strebt nach Kostenreduktion bei gleichzeitiger Steigerung von Produktivität und Produktqualität. Bei der praktischen Umsetzung des Toyotismus wurde schließlich das Toyota-Produktionssystem (TPS, Toyota Production System) entwickelt, das eine Reihe an Tools zum Erreichen von Qualitäts-, Rentabilitäts- und Kostenreduktionsvorgaben einschließt. Zu diesen Tools zählen unter anderem das bekannte Just-in-time-Prinzip (JIT-Prinzip) und die Kaizen-Methode.

Definition

Bei der Kaizen-Methode geht es um kontinuier-liche Verbesserung, vor allem im Hinblick auf Produktionsketten. Als Kompositum aus den japanischen Begriffen *kai* (Veränderung) und *zen* (zum Guten bzw. Besseren) beschreibt das Konzept eine ständige Anpassung der bestehenden Arbeitsmittel und -prozesse, um das Endergebnis fortwährend zu steigern. Dabei müssen alle Beschäftigten des Unternehmens, Angestellte wie Führungsverantwortliche, gemeinsam hinter der ‚Methode' stehen – sodass der Begriff ‚Philosophie' in diesem Zusammenhang vielleicht zutreffender wäre. Dies schließt gleichzeitig die Anwendung weiterer Tools mit ein, wie z. B. den Demingkreis (PDCA-Zyklus), Total-Quality-Management (TQM) oder die Single Minute Exchange of Die-Methode (SMED).

Mit ihren japanischen Wurzeln steht die Kaizen-Methode im Kontrast zu den sonst gängigen westlichen Ansätzen, die vor allem radikale Veränderungen gegenüber kleinen Verbesserungen bevorzugen. Veränderungen durch das Kaizen-Prinzip sind dagegen eher diskret, dafür aber kontinuierlich, sodass nicht ständig neue Investitionen notwendig werden. Schließlich baut die Methode auch auf die für japanische Unternehmen typische Loyalität: Dort ist es für alle Mitarbeiter – vom Chef bis zum untersten Angestellten – eine Frage der Ehre, ihre Arbeit so perfekt wie möglich zu erledigen. Dies beinhaltet logischerweise ständige Verbesserung – was entsprechend zu Toyotas enormem Erfolg beigetragen hat.

DIE KAIZEN-METHODE IN DER THEORIE

URSPRUNG DES MODELLS

1945, gegen Ende des Zweiten Weltkriegs, ist Japan zu großen Teilen zerstört, die Wirtschaft liegt am Boden. Plötzlich gibt es keine Existenzberechtigung mehr für die Dominanz des Militärs, die bis dahin allgegenwärtigen Eroberungsideologien etc. Stattdessen entscheidet Japan, seine Wirtschaft über eine Optimierung der Produktion wiederzubeleben.

Der Ingenieur Taiichi Ohno schlägt in diesem Rahmen ein neues Konzept zur Arbeitsorganisation vor: den Toyotismus (benannt nach seinem Einsatz-Unternehmen) bzw. Ohnismus, dessen Grundideen er definiert. Es gilt als ideale Weiterentwicklung von Taylorismus (Scientific Management) und Fordismus, zwei amerikanische Methoden der Arbeitsorganisation, die ebenfalls Verbesserung gegenüber radikaler Veränderung den Vorzug geben.

Besonders originell ist an der Kaizen-Methode, dass sie das gesamte Unternehmen involviert – von den Angestellten bis zu den jeweiligen Produktionsmethoden. Jeder Mitarbeiter sollte demnach an der Einführung der im Vorfeld definierten neuen Maßnahmen zur Optimierung des Unternehmens beteiligt werden. Das kann zum Beispiel auch geschehen, indem sich kleinere Gruppen von Mitarbeitern selbstständig zusammensetzen, um wiederkehrende Probleme aufzudecken, sinnvolle Lösungsansätze zu finden und auszuprobieren. Ebenso schlägt die Methode vor, eine „Ideenbox" einzurichten (beispielsweise in Form eines Briefkastens im Unternehmen), wo Mitarbeiter ihre Meinung äußern, diverse Probleme anmerken und Lösungsvorschläge formulieren können. Brauchbare Vorschläge werden daraufhin einer Projektgruppe vorgelegt, die sich mit dem Einsatz neuer Praktiken befasst.

Wichtig ist außerdem, dass sich die Kaizen-Methode – wie schon der Name sagt – auf Kontinuität der Verbesserungsinitiativen stützt, um effizient zu wirken. Zwar ist dazu nur wenig Aufwand nötig, die Resultate betreffen aber dementsprechend auch nur ‚kleine' Verbesserungen, die sich erst im Lauf der Jahre aufsummieren und das System langfristig optimieren. Daraus ergibt sich schließlich die Wettbewerbsfähigkeit des Unternehmens, ebenso wird das Streben nach kontinuierlicher Verbesserung langfristig in der Unternehmenskultur verankert.

ANWENDUNG IM UNTERNEHMEN

Wenn die Kaizen-Methode in Arbeitsgruppen umgesetzt wird, geht es tatsächlich um Teamarbeit: Ideenboxen und wöchentliche Meetings werden eingeführt, ein Belohnungssystem für die besten

Ideen sollte außerdem zum Einsatz kommen. Trotzdem funktioniert die Kaizen-Methode nicht für sich allein, sondern sollte mit weiteren Tools kombiniert werden, um sinnvolle Resultate zu erzielen.

Einsatzgebiete der Kaizen-Methode:

- **Qualitätsmanagement**: Hier liegt der Fokus auf einer Verbesserung der Produktionskette – unerlässlich, um die Konkurrenz hinter sich zu lassen und Kunden langfristig zu binden. Beim **Total-Quality-Management** (**TQM, umfassendes Qualitätsmanagement**), dessen Einsatz im Umfang der Kaizen-Methode mit vorgesehen ist, sind alle Arbeitskräfte dazu angehalten, nach perfekter Qualität zu streben und den Output immer weiter zu verbessern, selbst wenn der bisherige Prozess bereits gut funktioniert. Dies nennt man **Null-Fehler-Strategie**.

**GUT ZU WISSEN:
NULL-FEHLER-STRATEGIE**

Das Null-Fehler-Prinzip entstammt dem Toyotismus, der ein Produkt von absoluter

Qualität – also ohne jegliche Mängel – anstrebt. In der Realität kann dies natürlich niemals vollständig erreicht werden – das eigentliche Ziel dahinter ist jedoch, eine Unternehmenskultur zu schaffen, in der Mitarbeiter ständig nach Mitteln und Wegen suchen, sich der Perfektion soweit wie nur möglich anzunähern. Insgesamt gehört das Null-Fehler-Prinzip zum übergeordneten **Fünf-Nullen-Prinzip (Five Zeros)**, das null Verspätung, null Papier, null Lagerüberschuss, null Fehler und null Ausfälle propagiert.

- **Produktivitätssteigerung**: Die zweite Anwendung der Kaizen-Methode betrifft hauptsächlich Produktionsketten. Hier können unter anderem Störungsanfälligkeiten, unproduktive Posten oder schlicht zu langsame Montagebänder vorliegen, die den gesamten Ablauf aufhalten. In einem solchen Fall können verschiedene Tools herangezogen werden. Eins davon ist die **Single Minute Exchange of Die-Methode (SMED)**, die ebenfalls auf den Toyotismus zurückgeht. Hier soll die Rüstzeit für Neukalibrierungen,

Werkzeugtausch etc. bei der Umstellung auf ein anderes Produkt reduziert werden. Dabei eignet sich der Kaizen-Ansatz besonders gut, da eine Produktivitätssteigerung vor allem durch gemeinschaftliche Überlegungen im Team angestoßen wird, woraus sich letztendlich zielführende Analyseperspektiven und Rationalisierungsstrategien ergeben. Ebenso sinnvoll ist hier der Ansatz der **Just-in-time-Produktion (JIT; bedarfssynchrone Produktion)**. Dabei wird sichergestellt, dass jedes angefangene Produkt auch fertigstellt wird und jedes Teil zum richtigen Zeitpunkt am richtigen Einsatzort innerhalb der Produktionskette verfügbar ist. So lassen sich Produktionsunterbrechungen aufgrund von Werkstoffmangel sowie größere Zwischenlagerungen halbfertiger Produkte vermeiden.

- **Verbesserung der Arbeitsbedingungen**: Vor allem die direkte Arbeitsplatzumgebung der einzelnen Mitarbeiter – und infolgedessen auch deren Arbeitsbedingungen – lassen sich mit der Kaizen-Methode optimieren. Diese Art der Anwendung ist eng mit den zuvor genannten verknüpft, denn Veränderungen an den entsprechenden Einsatzorten beeinflussen – und verbessern – häufig auch die Produktivität und/oder Qualität der Produkte bzw. Dienstleistungen. Zudem steigert ein angenehmerer Arbeitsplatz die Mitarbeitermotivation, während Sicherheitsrisiken reduziert werden. Die ebenfalls aus dem Toyotismus abgeleitete **5S-Arbeitsgestaltung** (auch **5A**) spricht genau diese Punkte, konkret auf das Arbeitsumfeld bezogen, an: *Seiri* (Aussortieren von allem, was unnötig ist), *Seiton* (Aufräumen), *Seiso* (Arbeitsplatz sauber halten), *Seiketsu* (Aufstellen von festen Regeln) und *Shitsuke* (alle Punkte einhalten).

- **Kostenreduktion**: Der letzte Anwendungsbereich der Kaizen-Methode betrifft eine Reduktion der Produktionskosten, was sich aus den Verbesserungen, die mit den zuvor aufgeführten Methoden erzielt wurden, nahezu automatisch ergibt.

VORTEILE DER KAIZEN-PHILOSOPHIE

Neben den bereits erwähnten Vorteilen, die das Wesentliche des Kaizen-Ansatzes ausmachen – also eine Verbesserung von Qualität, Produktivität und Arbeitsbedingungen – bestehen noch weitere Stärken des Modells:

- Bei der Anwendung der Kaizen-Methode werden nur ‚kleine' Verbesserungen im Unternehmen erreicht. So bleibt den Mitarbeitern zusätzlicher Stress bzw. Druck durch radikale, ‚große' Umstellungen erspart – und da sie die meisten Veränderungen sogar selbst angeregt haben, werden diese generell besser akzeptiert und motivierter umgesetzt.
- Ebenso steigern Verbesserungen des direkten Arbeitsumfelds die Motivation der Mitarbeiter. Ein solcher Enthusiasmusschub kann gleich wieder ins Brainstorming beim nächsten Kaizen-Meeting einfließen und neue Verbesserungsideen generieren. Nach der Kaizen-Philosophie soll die Verbesserung schließlich kontinuierlich erfolgen, was quasi täglich neue Überlegungen zum

Optimierungspotenzial von Produkten und Arbeitsprozessen fordert.

- Die Kaizen-Methode liefert zudem schnell sichtbare Ergebnisse. So können Mitarbeiterteams, die die kleinen Verbesserungen in der Praxis testen, zügig deren Funktionalität überprüfen und das Risiko bei der späteren unternehmensweiten Einführung von neuen Maschinen oder neuer Software ist entsprechend gering.
- Schließlich birgt der Kaizen-Ansatz auch einen nicht zu unterschätzenden Wettbewerbsvorteil, allerdings mit verhältnismäßig wenig Aufwand und ohne auf große Investitionen angewiesen zu sein.

„To improve is to change; to be perfect is to change often." (Winston Churchill)

(„Verbesserung entsteht durch Veränderung; Perfektion entsteht durch häufige Veränderung."[1])

---

1. (Übersetzt für 50Minuten.de).

DIE KAIZEN-METHODE IN DER PRAXIS

Im Folgenden soll ein beispielhaftes Kaizen-Einführungsprojekt vorgestellt werden. Die einzelnen Einführungsschritte werden von den diversen zugehörigen Tools geprägt, die sich jeweils aus dem Toyotismus ableiten. Die meisten davon wurden weiter oben bereits vorgestellt, weitere werden jetzt noch hinzukommen, gefolgt von einigen hilfreichen Tipps.

Einführung der Kaizen-Methode in vier Schritten

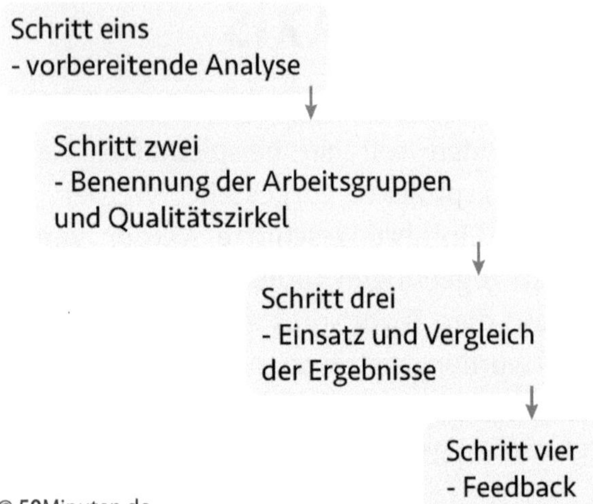

Sobald die Kaizen-Methode für ein Projekt erfolgreich eingeführt wurde, wiederholt sich der spezielle, äußerst kurze Verbesserungszyklus kontinuierlich. Die Dauer einer Zyklusphase kann dabei zwischen einigen Tagen und einem Arbeitsmonat betragen, abhängig davon, wie komplex sich die angestrebten Verbesserungen und deren Umsetzung gestalten. Daher sollten die Projekte möglichst schnell aufeinander folgen oder eventuell sogar gleichzeitig umgesetzt werden.

SCHRITT EINS: VORBEREITENDE ANALYSE

Als erstes wird eine vorbereitende Analyse des Unternehmens-Ist-Zustands benötigt, um Verbesserungspotenzial aufzuzeigen. Dabei kann es sich einerseits um bereits bekannte Probleme handeln, andererseits soll die Kaizen-Methode aber auch generell die Leistungsfähigkeit steigern, eben indem bereits funktionierende Prozesse genauso weiter optimiert werden. Um zu identifizieren, was einer Null-Fehler-Quote bisher noch im Weg steht, bietet sich das **Ursache-Wirkungs-Diagramm nach Ishikawa** an:

Ursache-Wirkungs-Diagramm nach Ishikawa

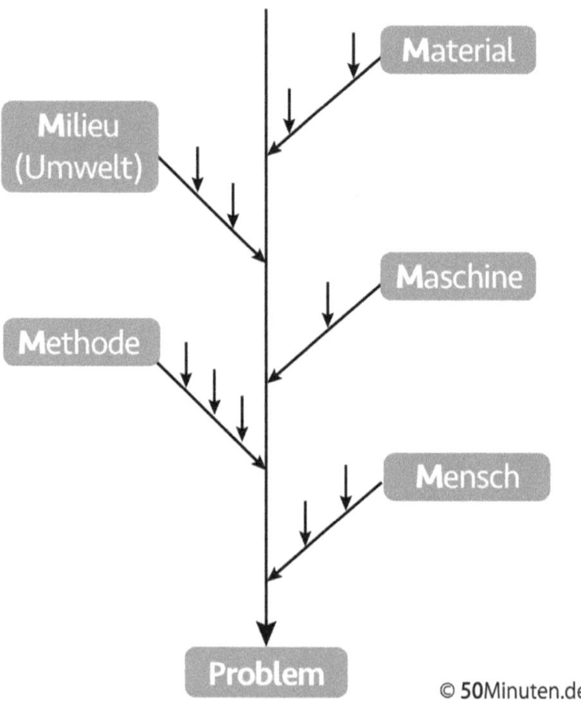

Nachdem Problemursachen und Verbesserungspotenziale identifiziert wurden, erfolgt eine detaillierte Aufstellung der Ist-Situation (dokumentierte Messungen, Referenzwerte etc.), um später Verbesserungsergebnisse im Vergleich erfassen zu können. Es ist in der Tat wichtig, den objektiven Nutzen von Verbesserungen nachzuweisen, auch wenn vielleicht nur minimale Auswirkungen erzielt wurden. Je nach angestrebtem Ergebnis misst man also im Vorfeld:

- die **Dauer eines Prozesses**: Fertigungszeiten oder Lieferzeiten für einen Artikel oder eine

Dienstleistung (z. B. Essenszubereitung im Restaurant)

- **Produktmengen**: die Anzahl der innerhalb eines festgelegten Zeitraums hergestellten Produkte
- den **Zufriedenheitsgrad**: betrifft Mitarbeiter (in Bezug auf ihre Arbeit), Kunden (in Bezug auf ihre Bestellungen) oder sonstige Parteien, die an den Prozessen beteiligt sind (z. B. Zulieferer)
- die Menge an **Ausschussware**: verworfene Produkte (Designfehler, abgelaufene Ware, Fehlproduktionen) und sonstige Verschwendung
- **Kosten**: vor allem der Selbstkostenpreis

Schließlich wird ein Einsatzplan für das Kaizen-Projekt erarbeitet. Da Anfang und Ende eines Kaizen-Verbesserungszyklus relativ nah beieinander liegen (der Zyklus ist ja entsprechend kurz), reicht hierbei eine Minimalversion aus (jeweils für eine oder mehrere Abteilung(en) bzw. Produktionslinien des Unternehmens). Dies lässt sich in etwa mit den dynamischen Methoden aus Entwicklung oder Projektmanagement vergleichen, wo ebenfalls kurze Zyklen direkt aufeinander folgen, sodass Zwischenresultate schnell sichtbar werden. Im Gegensatz dazu dauern einige andere Schritte bei der Einführung der Kaizen-Methode (wie z. B. die Ausarbeitung eines detaillierten Kaizen-Plans) wesentlich länger. Sie erscheinen unpraktisch, wenn nicht gar überflüssig und sollen deshalb hier nicht aufgeführt werden.

SCHRITT ZWEI: BENENNUNG DER ARBEITSGRUPPEN UND QUALITÄTSZIRKEL

Der zweite Schritt der Projekteinführung betrifft die Vorbereitung und Schulung der Arbeitsgruppen, die sich zukünftig mit dem Projekt befassen werden. Gerade wenn angestrebte Verbesserungen zu einem gewissen Maß alle Mitarbeiter betreffen werden, ist es um so wichtiger, genau festzulegen, welches Team konkret für den erfolgreichen Ablauf eines Projekts verantwortlich sein soll.

Die Kaizen-Philosophie sieht vor, dass vor allem die Mitarbeiter, die direkt mit dem zu verbessernden Produkt bzw. Arbeitsablauf in Kontakt stehen, an der Projekteinführung beteiligt werden sollten: Sie wissen am besten über die konkreten Bedingungen an ihrem Arbeitsplatz Bescheid und sind am ehesten in der Position, sinnvolle Verbesserungen vorzuschlagen. Somit ist es auch wahrscheinlich, dass sie die Kaizen-Zielvorgaben schnell und effizient umsetzen – sprich Optimierungsmaßnahmen entwickeln, die die Herstellungskosten soweit wie möglich senken. Manche Unternehmen beschäftigen lieber externe Beratungsteams bzw. Wirtschaftsingenieure, um ihre Effizienz zu steigern, dies widerspricht jedoch gänzlich der Kaizen-Mentalität.

So wird eine Projektgruppe benannt und entsprechend in Mitarbeiterführung und Veränderungsmanagement geschult. Ihre Aufgabe ist, das Kaizen-Projekt erfolgreich umzusetzen – vor allem durch die Einberufung von Qualitätszirkeln. Hierbei handelt es sich um Gruppen von Mitarbeitern, die sich zum Brainstorming treffen und dabei Ideen zur Prozessverbesserung austauschen und diskutieren. Die Ergebnisse können in Form einer Mind-Map festgehalten werden, was eine übersichtliche Darstellung der Entwicklung von Gedankengängen und Lösungsvorschlägen erlaubt.

SCHRITT DREI: EINSATZ UND VERGLEICH DER ERGEBNISSE

Im dritten Schritt wird das Kaizen-Projekt endlich konkret: Die entsprechenden Teams setzen die für die angestrebten Verbesserungen nötigen Prozessänderungen direkt um. Wie schon die ersten beiden Schritte geschieht auch dieser Schritt sehr schnell, da es sich meistens nur um kleine Veränderungen handelt.

Im Anschluss folgt eine erneute Evaluierung der unter Schritt eins erhobenen Messdaten. Wie bereits erwähnt, ist es äußerst wichtig, Entwicklung und Wirkung der Veränderungen zu dokumentieren, um gegebenenfalls Anpassungen vornehmen zu können. Der Fortschritt lässt sich gut in einer Tabelle darstellen, sodass tatsächliche Ergebnisse der Veränderungen und ursprüngliche Pläne auf den ersten Blick verglichen werden können.

SCHRITT VIER: FEEDBACK

Nachdem nun erste Ergebnisse vorliegen, ist es Zeit für einen Erfahrungsaustausch. Das Team kommt erneut zusammen und zieht aus seinen Beobachtungen Bilanz. Außerdem müssen zwei Kernpunkte beachtet werden:

- **Belohnung des besten Beitrags**: Es ist wichtig, die Mitarbeiter mit den besten Beiträgen zu benennen und auszuzeichnen. Dies soll andere Teammitglieder motivieren, direkt den nächsten Kaizen-Zyklus zu beginnen und sich dabei kontinuierlich zu steigern – einerseits, um die Arbeitseffizienz zu verbessern, andererseits aber auch, um auf diesem Weg individuell professionelle Wertschätzung zu erfahren.
- **Veränderungsmanagement**: Die für den erfolgreichen Projektablauf verantwortliche Mitarbeitergruppe sollte die restlichen Angestellten über alle Schritte auf dem Laufenden halten, sodass jeder zum Gelingen des Projekts beitragen kann.

DIE AM HÄUFIGSTEN VERWENDETEN TOOLS UND METHODEN DES KAIZEN-PRINZIPS

Mit dem Kaizen-Prinzip lassen sich diverse Tools und Methoden kombinieren. Hier sollen vor allem diejenigen aufgeführt werden, die ebenfalls aus dem Toyotismus entstanden sind:

- **Single Minute Exchange of Die-Methode (SMED)**: Dieses Analyse-Tool misst die benötigte Rüstzeit für Neukalibrierungen oder Werkzeugtausch bei jeder Umstellung auf ein anderes Produkt. Vorgesehen ist, dass dafür weniger als 10 Minuten gebraucht werden („single minute" gilt also nicht wörtlich als ‚eine einzige Minute', sondern bezeichnet Minutenangaben im einstelligen Bereich). Dabei soll erreicht werden, dass verschiedenartige (vor allem unterschiedlich große) Produkte oder Werkstoffe von den gleichen Maschinen bearbeitet werden können, die dementsprechend schnell neukalibriert werden.

- **5S-Methode (5A)**: Mithilfe von *Seiri* (Aussortieren von allem, was unnötig ist), *Seiton* (Aufräumen), *Seiso* (Arbeitsplatz sauber halten), *Seiketsu* (Aufstellen von festen Regeln) und *Shitsuke* (alle Punkte einhalten) werden Produktionswerkstätten, Arbeitsplätze und Aufenthaltsräume der Mitarbeiter optimal organisiert, um so zu besseren Arbeitsbedingungen beizutragen.

- **Kanban**: Der japanische Begriff bezeichnet ursprünglich eine Informationskarte

(Kanban-Karte), die jede Charge innerhalb einer Produktionskette kennzeichnet. Als Prozesssteuerungsinstrument wird dies vor allem bei Produktflüssen nach dem Pull-Prinzip angewandt, wenn also bei konkretem Bedarf (z. B. für einen späteren Montageschritt) mehr von einem bestimmten Produkt ‚gezogen' werden soll, während zu anderen Gegebenheiten weniger produziert bzw. zunächst in einem Pufferlager zwischengesammelt wird.

- **Demingkreis (PDCA-Zyklus)**: Eine weitere zyklische Qualitätsverbesserungsmethode mit den vier Schritten *Plan* (Planen), *Do* (Umsetzen), *Check* (Überprüfen) und *Act* (Handeln).
- **Total-Quality-Management (TQM)**: Bei diesem Konzept des Qualitätsmanagements sind alle Arbeitskräfte dazu angehalten, Verschwendung und Fehlproduktionen zu vermeiden, während gleichzeitig im Sinne der **Null-Fehler-Strategie** nach perfekter Qualität gestrebt wird.
- **Total Productive Maintenance (TPM)**: Eine Methode, bei der die Arbeitsmittel einer Produktionskette proaktiv verwaltet werden. So ist vorgesehen, dass Mitarbeiter an den

Maschinen selbstständig abschätzen, welche Probleme auftreten können und diese dementsprechend lösen.

- **Just-in-time-Prinzip (JIT-Prinzip; bedarfssynchrone Produktion)**: Bei dieser Methode des Produktions-Managements soll jegliche Zwischenlagerung innerhalb des Unternehmens möglichst vermieden werden. Stattdessen erfolgt die Produktion nach Bedarf, sodass jedes Teil zum richtigen Zeitpunkt am richtigen Einsatzort innerhalb der Produktionskette direkt verfügbar ist. Eine Kombination mit der Kanban-Methode macht das Prinzip noch effizienter.
- **Fünf-Nullen-Prinzip (Five Zeros)**: Ein weiteres Qualitätsmanagement-Konzept, das auf dem Toyotismus gründet. Es gilt, innerhalb einer Produktionskette absolute Qualität (null Verspätung, null Papier, null Lagerüberschuss, null Fehler und null Ausfälle) zu erreichen.

EMPFEHLUNGEN

- Da es sich um einen kontinuierlichen Prozess handelt, sollten die Arbeitsabläufe des Unternehmens stets weiter hinterfragt und optimiert werden. Nach den ersten erfolgreichen Veränderungen einfach aufzuhören, ist hingegen nicht vorgesehen.

- Die Unternehmensführung muss sich der Motivation ihrer Arbeitnehmer versichern, die schließlich alle an den kontinuierlichen Verbesserungsprozessen mitarbeiten sollen. Die Mitarbeitermotivation hängt hauptsächlich von der Unternehmenskultur ab, doch zusätzlich sollten auch direkte Vorgesetzte und Personalabteilung für die notwendige Betreuung sorgen.
- Da sowohl Projektmanager als auch Projekt-Arbeitsgruppen auf die aktive Teilnahme und Motivation aller anderen Mitarbeiter angewiesen sind, ist es unumgänglich, dass sie entsprechende Schulungen zur Kaizen-Methode an sich, zu Mitarbeiterführung und Diskussionsleitung sowie zur Funktionsweise der Qualitätszirkel erhalten.
- Die detaillierte Dokumentation der Ist-Situation eines Unternehmens vor und nach Durchführung der Veränderungen ist essentiell, um im zukünftigen Verlauf des Projekts klare und erreichbare Ziele setzen zu können.
- Um letztendlich das bestmögliche Resultat zu erlangen, können die jeweiligen

Erfahrungen von Mitarbeitern mit unterschiedlichen Fähigkeiten (und dementsprechend unterschiedlichen Perspektiven) die Gruppendiskussion bereichern.

FALLSTUDIE – RESTAURANT *TOKIO-LECKERBISSEN*

In diesem Fall wird ein japanisches Restaurant in der Innenstadt, *Tokio-Leckerbissen*, vorgestellt. Es handelt sich um einen entspannten, kleinen Familienbetrieb, der Essen zum Mitnehmen oder zum Genießen vor Ort anbietet. Das Restaurant besteht schon seit mehreren Jahren. So gibt es keine nennenswerten Finanzierungsschwierigkeiten mehr, doch vor allem in der Küche treten wiederholt Probleme auf. Einige Hilfsköche sind mit den Arbeitsbedingungen nicht völlig zufrieden, unter anderem bemängeln sie ihr unangenehmes Arbeitsumfeld. Bisher gab es noch keine Versuche, dies zu lösen, da die Inhaber davon ausgehen, dass die Situation wohl in den meisten Restaurants ähnlich ist. Der Sohn der Inhaber, der den Betrieb in einigen Jahren zu übernehmen hofft, möchte die Probleme aber gern angehen und die Bedingungen so schnell wie möglich verbessern.

Für eine solche Situation ist die Kaizen-Methode ideal geeignet, da in dem an sich gut funktionierenden Familienunternehmen einige kleinere Problemfelder optimiert werden sollen.

Schritt eins: Vorbereitende Analyse von *Tokio-Leckerbissen*

Zunächst sollen die Probleme des Betriebs genauer betrachtet werden. Mit einem Ishikawa-Diagramm können die Inhaber die entsprechenden Ursachen genau erfassen und in folgende Kategorien einordnen:

Ishikawa-Diagramm der Probleme von *Tokio-Leckerbissen*

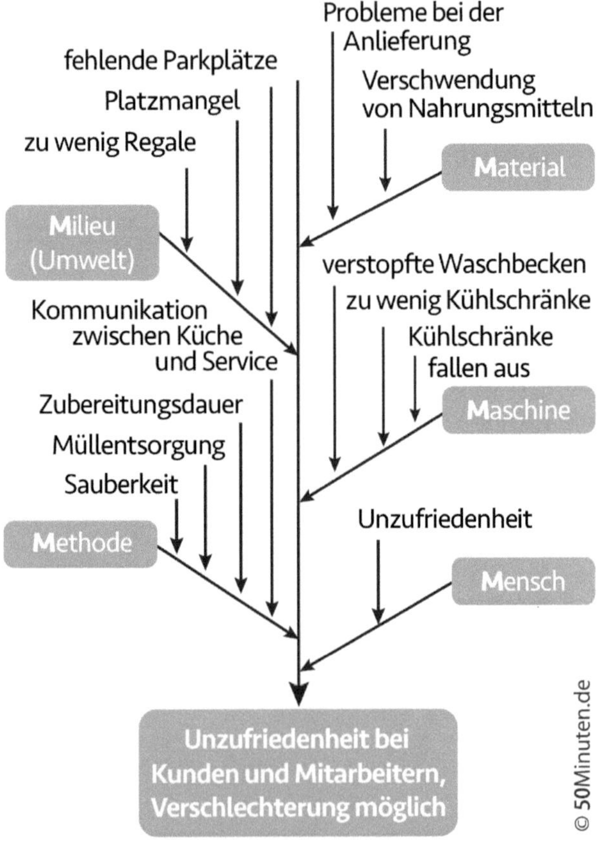

© 50Minuten.de

Nachdem nun die Probleme identifiziert wurden, kann das Kaizen-Projekt gestartet werden. Dabei hoffen die Inhaber, die meisten Schwierigkeiten schnell in den Griff zu bekommen, um somit die Zufriedenheit der Mitarbeiter und dadurch auch die Kundenzufriedenheit zu steigern. Wie im Ishikawa-Diagramm dargestellt wird, führt zum Beispiel der Platzmangel in der Küche häufig zu Vorbereitungsengpässen, was wiederum längere Wartezeiten beim Service nach sich zieht. Das Kellner-Team muss den Essensgästen gegenüber die Verzögerungen rechtfertigen, und dabei steigt regelmäßig die allgemeine Anspannung.

Der zweite Abschnitt von Schritt eins verlangt, dass die aktuellen Probleme quantitativ und qualitativ dokumentiert werden, um später Ergebnisse von Verbesserungen im Vergleich objektiv darstellen zu können. Hier lassen sich akut jedoch nicht alle Probleme erfassen – der Fall der verstopften Waschbecken lässt sich verständlicherweise schlecht ‚messen'...

Tabelle der aktuellen Probleme

Problem	Messgröße	vor Kaizen	nach Kaizen
Anlieferung	Lieferzeit	3 Tage	/
Unzufriedenheit der Mitarbeiter	Zufriedenheitsgrad	40 %	/
Unzufriedenheit der Kunden	Zufriedenheitsgrad	80 %	/
Zubereitungsdauer der Gerichte	Zubereitungszeit	14 Minuten	/

Schließlich fehlt noch ein Einsatzplan für das Kaizen-Projekt. Dieser wird zunächst für eine Woche festgelegt:

- **Tag 1**: vorbereitende Analyse; Berechnung der Zeiten für Anlieferung und Zubereitung der Mahlzeiten; Umfragen zu Kunden- und Mitarbeiterzufriedenheit
- **Tag 2**: Gründung eines Qualitätszirkels; Brainstorming, um erste Verbesserungsideen zu formulieren

- **Tag 3**: Einführung der Verbesserungen; Erfassen erster Resultate
- **Tag 4**: weitere Umsetzung der Verbesserungen; Dokumentation der Resultate
- **Tag 5**: Ende der ersten Einführungsphase; Vergleich der endgültigen Ergebnisse mit den Ausgangswerten; Wochenrückblick; Belohnung des besten Beitrags; Feedback

Schritt zwei: Benennung der Arbeitsgruppe und Qualitätszirkel

Im zweiten Schritt wird die Arbeitsgruppe benannt. Normalerweise arbeiten in dem Restaurant nur die beiden Inhaber, die häufig selbst am Herd stehen, zwei Hilfsköche und zwei Bedienungen. Der Sohn der Inhaber kümmert sich um Kasse, Bestellungen und das To-Go-Angebot. Da in diesem Fall alle von allem betroffen sind, setzen sie sich in ein und demselben Qualitätszirkel zusammen. Der ambitionierte junge Mann, der das Projekt ins Leben gerufen hat, hat sich ausführlich über die Kaizen-Methode informiert, damit sein Projekt so erfolgreich wie möglich verläuft.

Im Rahmen eines intensiven Brainstormings benennt die Gruppe schließlich einige Verbesserungsmaßnahmen für die aktuelle Situation. Leider können nicht gleich alle Probleme gelöst werden, doch im nächsten Kaizen-Zyklus finden sich bestimmt auch hierfür neue Möglichkeiten. Die Lösungsansätze werden nach den Kategorien des Ishikawa-Diagramms eingeteilt und auf einer Liste notiert.

Tabelle der Probleme mit Lösungsvorschlagen

Problem		Lösungsmaßnahmen
Material	Verschwendung von Nahrungsmitteln	Nutzung einer Vorratsverwaltungsstrategie (Tafel), damit nicht mehr Dinge bestellt werden, die noch ausreichend vorhanden sind
	Probleme bei der Anlieferung	[auf den nächsten Kaizen-Zyklus vertagt]
Maschine	Kühlschränke fallen aus	Total Productive Maintenance (TPM): die Hilfsköche übernehmen das regelmäßige Enteisen und Reinigen der Kühlschränke
	zu wenig Kühlschränke	effizientere Nutzung des vorhandenen Kühlschrankplatzes durch 5S-Methode; Vermeidung zu großer Lagerbestände bestimmter Zutaten mit Just-in-time-Prinzip
	verstopfte Waschbecken	Einbau eines Abflussfilters (v. a. wegen Essensresten); Total Productive Maintenance (TPM): vorsorglich reinigen die Hilfsköche regelmäßig die Waschbecken

Problem		Lösungsmaßnahmen
Mensch	Unzufrieden-heit der Mitarbeiter	Die Inhaber hoffen, durch die Behebung der anderen Probleme auch den Zufriedenheitsgrad der Mitarbeiter verbessern zu können.
Milieu (Umwelt)	zu wenig Regale	vorhandener Regalplatz wird mit der 5S-Methode neu organisiert, Einbau zusätzlicher Wandregale
	Platzmangel	[auf den nächsten Kaizen-Zyklus vertagt]
	fehlende Kunden-parkplätze	[auf den nächsten Kaizen-Zyklus vertagt]
Methode	Kommuni-kation zwischen Küche und Service	„Austauschprogramm": die Mitarbeiter sollen erleben, wie die anderen Arbeitsplätze funktionieren und wo dort Probleme auftreten können
	Zubereitungs-dauer	Nutzung von ‚Flautezeiten', um einige der meistbestellten Gerichte vorzubereiten
	Müllentsor-gung	[auf den nächsten Kaizen-Zyklus vertagt]
	Sauberkeit	fortlaufende Reinigung der Arbeitsflächen mit 5S-Methode

Schritt drei: Einsatz und Vergleich der Ergebnisse

Der dritte Schritt ist der eigentliche Kern des Projekts. Nachdem die angestrebten Verbesserungen nun formuliert wurden, müssen sie nur noch in die Tat umgesetzt werden. Da es sich lediglich um ‚kleine‘, schrittweise Verbesserungen und nicht um radikale Veränderungen handelt, sind drei Tage zur Einführung völlig ausreichend.

Jetzt ist der Zeitpunkt gekommen, die Ergebnisse zu berechnen. Es kann einige Tage in Anspruch nehmen, die Daten vollständig zu erfassen. Um den Vorgang zu vereinfachen, wird hier eine zusammenfassende Tabelle des aktualisierten Problemstands präsentiert.

Tabelle des Problemstands nach dem ersten Kaizen-Zyklus

Problem	Messgröße	vor Kaizen	nach Kaizen
Anlieferung	Lieferzeit	3 Tage	3 Tage
Unzufriedenheit der Mitarbeiter	Zufriedenheitsgrad	40 %	70 %
Unzufriedenheit der Kunden	Zufriedenheitsgrad	80 %	82 %
Zubereitungsdauer der Gerichte	Zubereitungszeit	14 Minuten	13 Minuten

Schritt vier: Rückblick und Feedback

Schließlich startet *Tokio-Leckerbissen* den vierten und letzten Schritt in seinem ersten Kaizen-Zyklus: den Wochenrückblick. Das Ergebnis zeigt, dass die Mitarbeiterzufriedenheit um 30 % gestiegen ist – eins der Hauptanliegen des Kaizen-Ansatzes wurde somit erfüllt. Einige weitere Punkte mit Verbesserungspotenzial mussten allerdings zunächst zurückgestellt werden, sie werden jedoch später Gegenstand eines weiteren Kaizen-Projekts sein. Es bleibt also zu hoffen, dass das Restaurant in Kürze den nächsten Kaizen-Zyklus startet, um seinen Service kontinuierlich weiter zu steigern.

Da in diesem Beispiel sowohl der Verbesserungszyklus selbst als auch die Reichweite der Veränderungen in einem relativ kleinen Rahmen verliefen, mussten keine weiteren Mitarbeiter informiert bzw. in die neuen Strategien integriert werden. Dennoch ist es wichtig, jeden einzelnen der Beteiligten wertzuschätzen und dem gesamten Team für seinen Input zu danken. Wie bereits erwähnt, wird hier die Motivation ‚gesät', die später den Erfolg weiterer Kaizen-Zyklen sichert.

Zusammenfassung

Bei diesem Fallbeispiel hat sich gezeigt, dass sich die Kaizen-Methode auch in sehr simplen Fällen anwenden lässt. Da die Methode aber ebenso in den meisten größeren Unternehmen zum Einsatz kommt, sollte man nicht vergessen, dass der Erfolg eines Kaizen-Projekts in großen Teilen von der Unternehmenskultur bestimmt wird.

Auch wenn die hier aufgezeigten Probleme recht allgemein gehalten waren und ebenso gut als ein Gesamtproblem der Mitarbeiterzufriedenheit im Restaurant hätten behandelt werden können, ließen mit dem Ishikawa-Diagramm doch die einzelnen Facetten des Problems genauer beleuchten. So wurden sogar konkrete Ursachen aufgezeigt, wodurch eine brauchbare Arbeitsbasis für die Lösungsansätze entstand. Zudem wurde die Abfolge der einzelnen Schritte des Kaizen-Zyklus genau eingehalten, was ebenso zu dessen Erfolg beigetragen hat. Auch wenn bei diesem ersten Kaizen-Projekt zunächst noch nicht alle Verbesserungspunkte angegangen werden konnten, ist es trotzdem wahrscheinlich, dass im Rahmen eines weiteren Projekts entsprechende Lösungsansätze gefunden werden. Bezogen auf den Platzmangel in der Küche von *Tokio-Leckerbissen* würde sich so etwa anbieten, die einzelnen Arbeitsfelder neu aufzuteilen, damit sich die Mitarbeiter nicht mehr gegenseitig im Weg stehen. Auf jeden Fall sollten die Verbesserungsmaßnahmen kontinuierlich weiter erfolgen.

DIE KAIZEN-METHODE: SCHWÄCHEN UND ERGÄNZUNGEN

GRUNDLEGENDE KRITIK AN DER KAIZEN-PHILOSOPHIE

Ungeachtet der unbestreitbaren Vorteile der Kaizen-Methode gibt es auch einigen Anlass zu Kritik. Der Hauptvorwurf bemängelt, dass diese Methode, die Verbesserung gegenüber radikaler Veränderung den Vorzug gibt, nicht alle Probleme lösen kann. Ein Produkt immer weiter nur von dem ausgehend zu vervollkommnen, was schon besteht, kann unglücklicherweise nicht alle Eventualitäten korrigieren. Manchmal ist es vielmehr notwendig, von Null anzufangen und den gesamten Prozess neu aufzubauen, um so auf eine stabile Basis aufbauen zu können.

Andere bekannte Kritikpunkte gegen die Methode:

- Die Kaizen-Methode soll zwar ausdrücklich diskrete Verbesserungen bewirken, einige Verbesserungen sind allerdings „zu" diskret. Wenn etwa ein Unternehmen (mit seinen angebotenen Produkten bzw. Dienstleistungen) gegenüber seinen Konkurrenten im Rückstand ist, reichen kontinuierliche, ‚kleine' Verbesserungen nicht aus, um Marktanteile rasch zurückzugewinnen. Angenommen, ein anderer Wettbewerber bringt ein revolutionäres neues Produkt auf den Markt, ist es wohl beinahe aussichtslos, mithilfe der Kaizen-Methode de facto obsolet gewordene Produkte soweit zu verbessern, dass sie wieder wettbewerbsfähig werden.

- Der Ansatz setzt hohe Motivation und dementsprechend uneingeschränkte Mitarbeit der betroffenen Arbeitnehmer voraus. In Japan ist das Konzept der Unternehmenskultur in diesem Bereich enorm weit entwickelt, die Beziehung zwischen Mitarbeitern und Führungsetage ist hochgradig formell und von strikten Regeln geprägt. Dabei engagieren sich die Angestellten sehr enthusiastisch, was den Erfolg des Kaizen-Prinzips erklärt. In der westlichen Welt ist dies nicht immer im gleichen Maß gegeben. Häufig steigert hier erst die Aussicht auf entsprechende Belohnung die Motivation, welche schließlich den Erfolg eines Kaizen-Projekts bedingt.

- Schließlich kann die Kaizen-Methode auch von einem ethischen Standpunkt aus kontrovers erscheinen, wenn sie etwa unbillige Konsequenzen nach sich zieht. Kommt das Kaizen-Prinzip in einem Unternehmen zum Einsatz, so kann dies – als Resultat der Effizienzverbesserung von Produktionsketten, hierdurch bedingte Produktivitätssteigerung und entsprechendem Wettbewerbsvorteil – interne Umstrukturierungen (Entlassungen etc.) zur Folge haben. Eine solche ‚Gewinnverteilung' erscheint verständlicherweise ungerecht. Der Logik nach sollte Unternehmenswachstum mit höherer Arbeitsplatzsicherheit einhergehen, in der Realität ist jedoch häufig das Gegenteil der Fall: Überflüssig gewordene Stellen werden abgebaut, sodass Arbeitnehmer entweder entlassen werden oder andere Aufgaben zugeteilt bekommen (die eventuell besser zu ihren jeweiligen Fähigkeiten passen).

VERWANDTE MODELLE

Die Kaizen-Methode wird häufig mit zwei weiteren japanischen Management-Modellen verglichen: mit dem **Kaikaku-Konzept**, einem Innovations-Tool, das auf radikalen Änderungen basiert, und mit dem **Hoshin-Management-Konzept**, einer Methode zur schnellen Strategieumsetzung, die sich vom Kaizen-Prinzip ableitet. Außerdem sollen hier zwei weitere, bereits etwas historischere Typen der Arbeitsorganisation aufgeführt werden: der **Taylorismus (Scientific Management)** und der **Fordismus**. Beide setzen an der gleichen Stelle an wie der Toyotismus, zu dessen Umfeld letztlich auch die Kaizen-Philosophie gehört.

Das Kaikaku-Konzept

Wie das Kaizen-Prinzip ist auch die Kaikaku-Methode ein Qualitätsverbesserungskonzept aus Japan. Der Name bedeutet in etwa „radikale Reform" eines Prozesses (vor allem mit dem Ziel der Effizienzsteigerung in der Produktion) – es geht dabei also nicht mehr um schrittweise Verbesserung, sondern um entscheidende Veränderungen. Obwohl bei den zwei Philosophie-Ansätzen Gemeinsamkeiten vorliegen (schließlich gründen beide auf Verbesserung), ist das Kaikaku-Konzept kein kontinuierlicher Prozess – die Veränderungen werden hier vielmehr im Rahmen eines einmaligen Projekts mit genau definierter Zielvorgabe umgesetzt.

Der Hoshin-Management-Ansatz

Hoshin bedeutet in etwa „Plan-Management" (und wird bisweilen „Blitz-Kaizen" genannt) – somit ist auch dieser Ansatz recht nah mit der Kaizen-Methode verwandt, doch im Gegensatz dazu ist der Einsatz zeitlich begrenzt. Letztlich geht es um genau definierte strategische Veränderungen, die extrem schnell umgesetzt werden. In den meisten Fällen ist das Ziel dabei, innerhalb eines begrenzten Zeitfensters auf einen ausschlaggebenden Wettbewerber zu reagieren. Ein wichtiger Unterschied zur Kaizen-Methode ist, dass hier die Entscheidungen ausschließlich auf Management-Ebene und nicht mehr von selbstständigen Arbeitsgruppen getroffen werden.

Taylorismus (Scientific Management)

Diese Form der Arbeitsorganisation, bei der die Methoden und Handgriffe der Arbeiter auf den Millimeter genau analysiert werden, um sie zu optimieren, stammt aus den USA. Das System wurde gegen Ende des 20. Jahrhunderts, also noch weit vor Entstehung des Kaizen-Konzepts, von Frederic Taylor entworfen. Ziel ist hier – genau wie bei der Kaizen-Methode – eine Gewinnsteigerung durch Optimierung der Produktivität und Verbesserung der Arbeitsbedingungen. In der Praxis bedeutet dies eine extreme ‚Zerlegung‘ der Arbeitsaufgaben, sodass die einzelnen Arbeitnehmer nur noch simpelste, hoch standardisierte und repetitive Aufgaben erfüllen.

Fordismus

Der Name leitet sich von dem amerikanischen Industriellen Henry Ford (1863-1947) ab, dessen Arbeitsorganisationsmethode sich auf Aussagen des Taylorismus stützt und seit 1913 in der ersten Ford-Fabrik angewendet wurde. Auch wenn die Methode heutzutage quasi nicht mehr zum Einsatz kommt, ermöglichte sie damals die Massenproduktion standardisierter Produkte (wie z. B. das berühmte Modell T) mithilfe von Fließbandfertigung, wodurch die Produktivität enorm gesteigert wurde. Die Arbeitsbedingungen der Ford-Mitarbeiter waren dagegen zumeist hart. So gab es wenig Freiraum für Verbesserungsvorschläge und der einzige Motivationsfaktor blieb oft das Gehalt.

ZUSAMMENGEFASST

- Das Kaizen-Konzept ist eine Methode der kontinuierlichen Verbesserung, die dem japanischen Ingenieur Taiichi Ohno zugeschrieben wird. Ohno hat außerdem maßgeblich bei der Entwicklung der Arbeitsorganisationsmethode des Toyotismus mitgewirkt. Bei der Philosophie stehen Qualitätsmanagement, Vermeidung von Verschwendung und Verbesserung der Produktion im Vordergrund.
- Die Kaizen-Methode lässt sich in den allermeisten Unternehmen anwenden. Sie ermöglicht schnelle, diskrete Verbesserungen ohne allzu großen Kostenaufwand.
- Motivation und aktive Teilnahme der gesamten Mitarbeiterschaft gehören zu den wichtigsten Voraussetzungen für den Erfolg eines Kaizen-Projekts. Ganz besonders sollten die direkt von einem Problem betroffenen Angestellten aktiv in das Projekt und die Suche nach entsprechenden Lösungsansätzen mit eingebunden werden.

- Im Unternehmen gibt es folgende Anwendungsmöglichkeiten für die Kaizen-Methode:
  - Qualitätsverbesserung
  - Vermeidung von Verschwendung
  - Kostenreduktion bei Produktion und Instandhaltung
  - Steigerung der Produktivität
  - Verbesserung der Arbeitsbedingungen
- Durch die Kaizen-Methode werden diskrete Veränderungen von begrenzter Reichweite eingeführt. Dies verringert potenziellen Druck auf die Mitarbeiter, die ganz besonders zu schätzen wissen, wie schnell die Einführung der Verbesserungen erfolgt und dementsprechende Resultate sichtbar werden lässt. Ebenso können mit der Kaizen-Methode die Mitarbeitermotivation gestärkt und viele Risiken (finanziell wie auch technisch) abgewendet werden, indem man langwierige und gegebenenfalls unsichere radikale Veränderungen umgeht. Schließlich stützt sich der Erfolg der Kaizen-Methode – mehr als auf finanzielle Investitionen – vor allem auf die aktive Teilnahme und den positiven Teamgeist der Mitarbeiter.

- Kritik an dem Ansatz betrifft hauptsächlich den Mangel an tatsächlich innovativen Veränderungen (die Kaizen-Verbesserungen setzen grundsätzlich an bereits vorhandenen Strukturen an), die ausgeprägte Abhängigkeit von einer [oftmals in der westlichen Wirtschaftswelt so nicht existenten] Unternehmenskultur und die teils ungerechte ‚Gewinnverteilung‘ der Kaizen-Methode (sozialer Aspekt).

- Das Kaikaku-Konzept, dessen Name in etwa „radikale Reform" bedeutet, stellt den Gegenentwurf zur Kaizen-Methode dar. Hier wird entscheidenden Veränderungen gegenüber ‚kleinen‘ Verbesserungen der Vorzug gegeben.

- Die Kaizen-Methode wird grundsätzlich mit weiteren Management-Tools kombiniert. Oft sind diese ebenfalls aus dem Toyotismus entstanden und betreffen Qualitätsmanagement, bedarfsorientierte Logistik, Strukturierung des Arbeitsumfelds oder Maschineninstandhaltung.

Ihre Meinung ist uns wichtig!
Hinterlassen Sie doch einen Kommentar auf der
Seite unserer Online-Buchhandlung
und teilen Sie Ihre Favoriten in den sozialen
Netzwerken!

DARÜBER HINAUS

LITERATURVERZEICHNIS

- Chaoui, Kamel: „Le concept-clé du zéro défaut en qualité". *ResearchGate.net*. Konferenzbeitrag (auf Französisch). Badjii Mokhtar – Annaba University. (2004). https://www.researchgate.net/profile/Kamel_Chaoui2/publication/257138815_Le_concept-cle_du_zero_defaut_en_qualite/links/00b4952470124205170000000/Le-concept-cle-du-zero-defaut-en-qualite.pdf (28.03.2018).

- Charraud, Pierre: „Le Kaizen du service pièces en concession". *lean.enst.fr*. Working Paper no. 18 (auf Französisch). Kzn Synergies. http://www.lean.enst.fr/wiki/pub/Lean/LesPublications/LWP18.pdf (28.03.2018).

- Granger, Raphaële: „Les 5S: Seiri, Seiton, Seiso, Seiketsu, Shitsuke". *manager-go.com*. Manager-Blog (auf Französisch). (2008). https://www.manager-go.com/management-de-la-qualite/methode-5s.htm (28.03.2018).

- henryford.fr: „Toyotisme". Webseite auf Französisch. https://www.henryford.fr/fordisme/toyotisme/ (28.03.2018).

- Hohmann, Chris: „What is Kaizen?". *Hohmannchris.wordpress.com.* Blog (auf Englisch). (2014). https://hohmannchris.wordpress.com/2014/04/08/what-is-kaizen/ (28.03.2018).

- Hohmann, Chris: „SMED. Quick changeovers for less downtimes." *Chohmann.free.fr.* Blog (auf Englisch). (2011). http://chohmann.free.fr/smed_us.htm (28.03.2018).

- Ishikawa, Kaoru: *Guide to Quality Control* (1976). Asian Productivity Organization: Tokio 1991.

- Kamata, Satoshi: *Jidosha Zetsubo Kojo. Aru Kisetsuko no Nikki. (The Auto Factory of Despair. The Diary of One Seasonal Worker*[1]*).* Gendai Shi Shuppankait: Tokio 1973. (auf Französisch erschienen als *Toyota, l'usine du désespoir.* Demopolis: Paris 2008.)

- Liker, Jeffrey K.: *Der Toyota Weg. Erfolgsfaktor Qualitätsmanagement. 14 Managementprinzipien des weltweit erfolgreichsten Automobilkonzerns.* Aus dem Amerikanischen von Almuth Braun. FinanzBuch Verlag: München 2012.

- Ohno, Taiichi: *Das Toyota-Produktionssystem.* Aus dem Englischen von Wilfried Hof. 3., erw. und akt. Aufl. Campus Verlag: Frankfurt/Main 2013.

---

1. Übersetzung des Titels vgl. Literaturverzeichnis (S. 272) von Mouer, Ross; Hirosuke, Kawanishi: *A Sociology of Work in Japan.* Cambridge UP: Cambridge, UK 2005.

- Ohno, Taiichi; Mito, Setsuo: *Just-In-Time for Today and Tomorrow*. Productivity Press: Portland, OR 1988.

- Porter, Leslie J.; Parker, Adrian J.: „Total Quality Management. The Critical Success Factors". In *Total Quality Management* 4(1) (1993). S. 13-22.

- *processusqualité.wordpress.com*: „La méthode Kaizen". Blog (auf Französisch). https://processusqualite.wordpress.com/lappro-che-kaizen/ (28.03.2018).

- Régol, Olivier; Bélanger, R. Paul: *Le Kaizen. Ses principes et ses conséquences pour les ouvriers et les syndicats*. Revue de la littérature. 1. Bd. Cahiers du CRISES 306. Université du Québec: Montreal 2003.

WEITERFÜHRENDE LITERATUR/ LINKS

- Brunner, Franz (Hrsg.): *Japanische Erfolgskonzepte. KAIZEN, KVP, Lean Production Management, Total Production Maintenance, Shopfloor Management, Toyota Production System, GD3 – Lean Development*. 4., überarb. Aufl. Carl Hanser Verlag: München 2017.

- Glahn, Richard: *Moderation und Begleitung kontinuierlicher Verbesserung. Ein Handbuch für KVP-Moderatoren*. Hrsg. von Constantin May. 2., überarb. Aufl. CETPM Publishing: Ansbach 2013.

- Hachtmann, Rüdiger; von Saldern, Adelheid: „Gesellschaft am Fließband. Fordistische Produktion und Herrschaftspraxis in Deutschland". In: *Zeithistorische Forschungen* 6(2) (2009). S. 186-208.

- KAIZEN Institute: „Kaizen Institute Deutschland". Homepage (auf Deutsch). https://de.kaizen.com/home.html (28.03.2018).

- Masaaki, Imai: *Kaizen. Der Schlüssel zum Erfolg im Wettbewerb.* Econ: Düsseldorf 2001.

- Menzel, Franz: *Einfach besser arbeiten. KVP und Kaizen. Kontinuierliche Verbesserungsprozesse erfolgreich gestalten.* Versus: Zürich 2010.

- Pro Sys: „So gelingt Ihnen die Einführung der KVP Methode". *qualitaetsmanagement-qm.de.* Webseite mit Informationen, Erklärvideos und Ablaufplan-Vorlagen zum Herunterladen (auf Deutsch). VOREST AG. http://www.qualitaetsmanagement-qm.de/kvp-ausgaben-pro-sys/einfuehrung-kvp-methode/ (28.03.2018).

- Wißmann, Christian: „Warum Kaizen in Japan funktionieren kann und in Europa scheitern muss". *agil-durchstarten.de.* Blogbeitrag. http://agil-durchstarten.de/warum-kaizen-in-japan-funktionieren-kann-und-in-europa-scheitern-muss/ (28.03.2018).

- Witt, Jürgen; Witt, Thomas: *Der Kontinuierliche Verbesserungsprozess (KVP). Konzept – System – Maßnahmen.* Hrsg. von Gerhard Raab; Nicolas Crisand. 5. Aufl. Windmühle Verlag: Hamburg 2015.

SCHMÖKERN SIE SICH SCHLAU!

www.50Minuten.de

www.50Minuten.de

ISBN digitale Ausgabe: 9782808008754

ISBN gedruckte Ausgabe: 9782808009201

Pflichtexemplar: D/2018/12603/219

Cover: © Plurilingua

Digitale Aufbereitung: Primento, der digitale Partner der Herausgeber